Veröffentlichungsjahr: 2020
Verlag und Druck: tredition GmbH,
Halenreie 40-44, 22359 Hamburg

© Christian Mauck 2011-2019
978-3-347-15343-1 (Paperback)
978-3-347-15344-8 (Hardcover)
978-3-347-15345-5 (e-Book)

Christian Mauck

Morning Glory

(Gedichte)

Dieses Buch ist gewidmet
Frauke

Kapitel 1: Lift
(dem Ort des Aufwachens)

Kapitel 2: Hände
(der neuen Heimat)

Kapitel 3: Unwissen / Jungfernstieg
(dem halben Weg fort)

Kapitel 4: Weiler
(dem halben Weg heim)

Kapitel 5: Glory
(der alten Heimat)

Kapitel 6: Morning Glory
(dem Ort des Schlafengehens)

Kapitel 1

(Lift)

01.
Loft / Der Turm

Hast du noch Geld?
Nage den hängenden Kragen aus
Hängen an einer schaukelnden Wand

Beschmiert mit schlammiger Cola; austropfende
Kerzenlöh
Aus versteinertem Flieder schneiden sich Boote,
Hände mit Nagel-armen Fingern

Er webt nur Tier, das dann schon alt ist,
getrennt von holländischen Frauen
Das Glas ist stark, sie scheiden
          auf schäumenden Eis

Er nimmt alle Gestalten an sich
Aus einem Bra kriecht der Pilz
Töpfen und turmartigen Krügen nah
          ein Dietrich aus einem Kiefer
          alles ähnelt
          einem zurückgelassenen
          singenden Menschen

02.
Abendflöte

Auf der Brüstung einer ewigen Destille
trage ich Decken und blaue Röcke
Schmerzende Gaze, ein Ätzen wo ich
schleudernden Geistern begegne
Spektrale Wägen mit kleinen Schädelnäpfen
Meine Frau sabbert auf ein Till Brönner-Cover
Am Fenster verkündet sie,
dass sie große Neigungen sieht
Ich lebe nur hier um den Käfig zu stehlen
und es lässt sich jeder Zeit tun

Auf der Brüstung einer ewigen Destille
In der Waschküche liegen tote, schwangere Frösche
Ich lege Schilf und eine Wolle herum aus
Ich lege Schilf um meinen Mund

Auf der Brüstung einer ewigen Destille
Ein Alter klettert auf seinen Stock
Fleckiger Saft sickert aus einem Lichtstrahl
Ein Embryo trinkt radioaktive Kleider

Auf der Brüstung einer ewigen Destille
löscht ein Blöder einen ausgekühlten Kopf im Schrei
Ich pfropfe Saugnäpfe auf einen Herzmuskel
Auf der Liege ruhe ich auf einer Brust

Auf der Brüstung einer Destille
knüllt ein Einhändiger Sonnen
Ich durchquere eine Fensterscheibe, bleibe stecken
Mitten im Glas treibe ich auf,

halb hörbar laut

03.
100 Kilogramm schwerer Zitronenfalter

er
die Nadel eines toten Chamäleons,
über mir liegend als betupfte Kaiser,
Brut, brütend hinfort eines hämischen Bauches,
ich muss meiner Nichte Brüste kühlen

ein dampfendes Laub aus Säuren,
meine Mutter weckt gusseiserne, sinkende Gänse,
wir blasen foie gras auf,
Mutter nimmt einen blutigen Strang, der an mir, hoch

mein Vater bläst Argon in ein Pferd,
in ein Astloch legt er Fell,
er flimmert wie eine Schar aus Würmern,
meine Nichte näht sich einen Karren ins Fleisch

ich reiße mir die Nägel,
die Finger schlürfen leeren Vorhäuten gleich,
schwarze Algen schwimmen in Stadtpfützen

In die blaue Algen, ins liebevoll verstellte Meer?
Oder Alkohol und der kranke Kot?

04.
Keine Musik, ausnahmsweise

Zwischen zwei Wolken laufen wir umher
Giorgio haben wir die Geschichte erklärt und er
war leise; und wir waren heiter,
heiter mit unseren Shrimps, denn das Auftürmen
bis unter-die-heißen-Tage war fordernd,
fordernd wie ein Krokodil hinter der Straßenecke

Eine Gesellschaft, eine Clique aus Wachs
Wir sitzen im Frühling auf der Landzunge der Weser
Als erster ergreife ich nie das Wort

Doch uns sagt das nichts; meine Art
Hundert Lösungen für den, der lebt wie ich, habe ich
wie Hundert Grad Fahrenheit

05.
Igel

Ein Fernlaut; harte Strafen
mit puffenden Brustkörben spielt er
er ist ein Sangeslied
im Wind schläfrig auf neunschwänzigen Katzen
liegend

ein stummes Verwerfen, Kolportiertes
auf Faulmoos, gespalten, und Holz von
Deutenden erpresst

ein Oni sieht dich aus dem Dung überzüchteter
Katzen fehl an; Mönche beten jenes Schauen
in verschweißten Kohlenstofftanks an

auf dem Grund verlorene Hände
sie lösen Rätsel in der Erde,
der Lös verlangt tyrannisch, die von ihm
endlos erschauten Möwen in unablässiger
Zeremonie zu Frauen zu nehmen

aus Thronen und viktorianischen Gärten
rülpst einem ein entstellter, starrer Wein entgegen

welcher Körperteil ist ein Attentat, mit welchem
(mancherorts mit Dietrich geöffneten) Leib
erzieht man uns;
ich erwache aller Tage mit toten Männern

jemand fettet an allen Abenden den Schnee ein
Sperma, Morgensterne und Lächeln tippen auf den
Zweigen und Blättern;
was ist der wahre Preis eines Hauses,
was lege ich auf das Grab aller Freunde und Freude

Willst du die Stadt der Teufel sehen?
Wir legen hier Kastanien
in die Augen des Teufels

und in unseren Kanalisationen mühen sich
heilige Gärtner;
wir bieten wiederum unsere Milch an
aus den Gedärmen der Kühe
und dein Blut ist in Niemandes Besitz; du selbst
sehnst dich von Hand zu Hand

06.
Irgendein anderes Venedig

über dir spann ich Bahn,
lass dir noch und nöcher beten, -

Speichel auf die Messer; sie
knacken, Kartuschen voll Thymian
und glühende Orangen
wir sind deine Sklaven
und noch immer wollen wir dich

für dich bestatte ich mich nicht,
leiere und halte allen Anschlag an
ein kühles Bier für die Toten; sie
wuchsen schneller und tiefer als das Grab
sie sind immer noch deine Untergebenen

um sie zu dressieren, lege ich dich frei,
ich kratze und sauge ihre Augen aus -
fallen wir doch auf die Welt wie versteinerte Sterne,
ich betusche die in Volieren
gesperrten Bienen
immer noch trage ich dein Gesicht

gestern war ich Gott,
heute bewege ich mich auf der Oberfläche des
Sterns
und immer noch will ich dich

07.
Blumenhirn

Man könnte meinen, dass es nach
Seesternen röche und
die Edelsteine sich dehnen.

Die Dörfer versengen sich
zu kleiner Größe und
Kinder schreien herab

Du, bis zu den Knien berieselt,
bis zur Hand gestillt.
Die Brotschneidemaschine schwimmt

Ich rieche an den verlassenen Kleidern,
der Botanische tötet sich
zum Herbste her und die Klingeln
werden geschnitten

08.
Wellenkamm

Ich lebe in der Wabe deiner Musik,
eine, die geliehen, durch deine Stimme
dir selbst geboren
wie das eigene herangezogene
Kind im Innern

Herzstillstandsdame
Wir gehen in blauen Zimmerecken spazieren
Katzen mit Elefantitis stehen auf dem Balkon
Mit uns darauf stürze er ein

Du sitzt im entkernten Schrank
und schreist wie eine Löwin
Wie viele Ureinwohnerstämme müssten
deinen Teppich bedauern

Die Sterne deiner Besessenheit
graben sich tief in mich ein,
öffnen meinen Körper und meine Seele
muss in der Ecke des Zimmers stehen
Du trägst von der Begegnung mit deiner
zerfranste, farblose Pfauenfedern

Die Brustkörbe mit den darin eingegrabenen
kleineren Brustkörben,
mit der Dicke der Ohrfeigen
Ein durch den Sommer schimmeliges Bett

Hier stehe ich mit Drogenkörper.
unberührt von jedem Rausch.
Meine Haut dringt nicht durch die Tür
Aber verschwinde ich auch nicht
in dem Schaum, der um dich wölkt

09.
Ich kam aus dem Nebel

Ich kam aus den Nebeln, in die ich eben gegangen war
Sie hat diese Ohrringe, die über den gesamten
Ohrrücken verteilt sind
Im Café des Theaters eine Legionärsrüstung, in die
einer der Arbeit der Küche sich spaßeshalber
manchmal stellt
Ein Gast lässt Paprikaschoten, die er, darum
hatte er gebeten, auf einem Pappteller hat mitnehmen
dürfen, vor dem Notausgang auf
die Erde rollen
Ein Kind malt in ein riesiges Buch ein Mandala um ein
vorgedrucktes Gesicht, das einem zornigen Gesicht
ähnelte, das man manchmal in
Kupferstichen sieht

Ich betrete den Raum durch dieselbe Tür, aus der ich
gegangen war, eben erst
und innerlich flehe ich um Salz
Etwas davon steht auf jedem Tisch und ich flehe darum
Ich flehe auch um Pfeffer
Kein anderer,
als auf allen Tischen frei verfügbar steht
Und ich flehe um eben diese
Würde ich vor Bedrücktheit die Augen niederschlagen,
würde ich sie sehen

Jemand steht vor dem Durchgang, der direkt

ins Theater führt
Er sagt laut, sehr laut „Ich könnte direkt ins
Theater gehen"
Er lässt seine Arme herabhängen, aber
am Ende die Fäuste:
die ballt er!
Und bleibt stehen.
In den Wohnungen oben hört man immer den Fön,
den, der immer klingt,
als würde er gerade ausgeschaltet,
aber sein verhallender Ton fährt in keine Erde,
kein Ende
und wird nicht unhörbar leise

Der Zucker im Tee ändert gleich immer den Tee,
seine Farbe,
seinen Geschmack
Die Aushilfe in der Küche krieg beim Ansehen
der Spülmaschine feuchtes Haar
Sie trägt eine Brille weil sie zu oft
die Vögel im Wald nicht gesehen hat;
eine Käferschicht legt sich laut knuspernd auf
einen Mantel

Am Wasser lässt sich nicht spazieren, denn:
der Dampf von geschnittenem Gemüse

Ich setze mich in ein Hundemaul
Die Zierfische trinken den Tee, den wir wollten
Soviel Nacht, dass es allen reicht
Ich gehe in den Nebel aus dem ich gekommen war

10.
Litanei der furchtsamen Toten

13 Minuten Vermisstenmeldung an mir
Man öffnet sein Herz so weit wie ein Kleiberschnabel
Und später beobachte man dessen Weiten
mit einer Grapefruit
und kaltem Kognac

Die Sentimentalitäten bleiben in Supermärkten
oder an Friedhöfen, die man selbst nicht bestellt

Im Ring von Mexiko sitze ich auf einer Gartengarnitur
in einem drei Quadratmeter großem Schlafsaal

Ich könnte den Hunger und Durst vor die Tür bringen,
nochmal
Ich habe Thoraeu auf Italienisch gelesen
und auf Italienisch nicht verstanden

11.
Der Täufer sucht nach einer Zigarette

Mein Knochen kniet vor dem König
Gräbt sich in seinen flachen Hof
Kopfüber grabe ich in der Erde
Sie ist orange und wird schwarz werden

Kommst du von dort drüben? Diesem Bahnhof
mit den großen Aussteifungen darin?
Entweder trägt sie Pusteln, Pickel, Narben und Flecken
auf dem Rücken oder dem Bauch,
das andere ist frisch
Oder es regnet auf dem Saturn

Der Mond steigt auf ins schwarze Drangsal
und verschmälert zu jener Klinge
Ein Strand voller Sabbat,
gelbe Flocken dampfen heraus
Im Schlafabteil, in sommerloser Kühle
Der eingerissene Ausschnitt einer Verlobten

Der Täufer sucht nach einer Zigarette
Der tiefe Herbst im hohen Sommer
Kopfüber grabe ich in der Erde
Sie ist schwarz und wird schwarz werden

12.
Ins Leben gekommen

Ich fasse dein Haar in den Pinsel
        - Sommermeter, nein, Sommernacht

Ich strenge mich beim Tango so sehr an

Die türkis leuchtenden Steppen
Aus den zwei Fischen wachsen die Hände, mit denen
sie selbst sich fangen

        Wassermücken: das verletzte Boot
Geehelicht hinter einem Festival
        - Hier kommt das zweiteilige T-Shirt!

        - Für immer nach Mazedonien gegangen
        - Ein Tannenschal
        - Ein Gerichtsgebäude

Mein Bruder zieht sich aus; es ist kalt
Wenn der Zucker nichts mehr kostet

13.
Die Befeuerungen

Fünf Sekunden: rotes Dasein
Ein Schenkel gebrochen, drogenunsüchtig,
schön überall, nur nicht in den Genitalien

Fünf Sekunden: rote Anwesenheit
Käfer, die in dieser Stadt nicht satt werden
Hula-Reifen, halb durchquert
Dann hören sie Dich

Fünf Sekunden: rotes Opaque
Fingernägel, die sich an der Luft verschmutzen,
ein rauchendes Plagiat, unsüchtig
Dann missen sie Dich
Palmen, Bambus, Bambus

Fünf Sekunden: rotes Auffallen
Zwischen vier Steinen atmend, Lehm befreiend,
fern durchwirkt, Lebenshilfe angenommen
Dann wecken sie Dich
Wut, Lautstärke, Lautstärke
Plastische Mauern > flache Werke > eine Ton-Nadel

Fünf Sekunden: rotes Anschwellen
Abwurf, Geliebtwerden, Perlenboot

Seine Dame ist bei ihm durch Dampf
Großer Spieler am Strand

14.
Eissee

Heute trage ich mein Herz aber in die eingeschnittenen
Gletscher
Mit meinem Wasserball, den Feuer umkreist
Auch in der Tiefe
mag man sich verbrühen

Nun trage ich die gekuppelten Sterne
an den Teich; kein Zwinger, keine Burg, kein Bunker
In meiner Heimat gibt es nichts zu verteidigen
(nur die Verteidigungsbauten)

In der Schule beginnt abends ein Tanz
Eine Katze betupft ihr Gesicht mit Taschentuch
Eine Abfuhr in den Sternen stehend
und ich suche, wessen Opfer ich bin

Wir sind Küsten
Das Eismeer atmet nicht ein
Ich in deinem Garten, ungebogen, viergeteilt

15.
Gute Freunde und Affären

Sie bringt ihre Sünde ein
in meine, mit Satan vernebelten Unterfangen
Und den ungewaschenen Kaffeekannen morgens

Pfälzische Landschaften, Geraden, eingelernte Augen-
braue und Schnecken,
die um den Finger levitieren

Arme aus Opal, aufgefaltet wie ein Notizbuch
3 Organigramme, Augen zur Reduzierung des Gewichts
Wir besuchen meine Schulfreundin, die
nun älter als ich, und töten ihren Hund,
spielen Karten
oder essen irgendwas

Essen irgendwas unten
- im nächtlichen Bambuswald hinter dem Nanzenji
- in Disneyland unter flirrenden Orangenblüten
- in einem Wrack unter der Landmasse Australiens

Im Flugzeug öffne ich, während sie schläft, eine Tür
und begegne einem Lift
Ich werde dich immer missen, liebste Liebelei

Kapitel 2

(Hände)

16.
Schwester

„Soll ich jetzt..."
Das in der Mitte des Kreißsaals

Draußen ist Winter, aber durch die äußeren Korridore
lässt es sich zurücklaufen bis zum Sommer,
mit seinem Faulen, seinen Fäulnissen, seiner Lautstärke

Man würde (auch und erneut) alles verstehen
Doch manchmal findet ein Geschenk
nicht aus dem Verschlag der Tasche

17.
Eine Million Schnaken

Eine A-Capella-Gruppe fallenden Windes
Sie wird, wenn man neu jetzt anruft,
losgehen und euch in Streifen schneiden
Auf der Spitze eines Weißweinberges
baut der Sperber sein Nest aus Quittungen.

Sie kommt geschlossenhändig zu euch
An unbefestigtem Gitter wird der Wagen gelehnt
als wolle mensch an seinen Bauch und derlei
Die Wurzeln der Esche werden befreit
und die Wurzeln fallen wie Laub aus Licht ans Licht

Mehrere Millionen Schnaken kommen in die Stadt,
gewärmt; korrumpiert ist die allererste
Sie holt sich Liebe in den Apotheken

18.
Uneigentlich

Eigentlich sollte man sich doch inzwischen
an So-etwas gewöhnt haben.
Drei Wochen hörte ich meine Ex-Freundin nicht mehr
Seit einer Erscheinung, die sie hatte,
im Schnee

Sonntag-Nacht auf Montag;
die Bauarbeiter sind sehr laut um halb 12.
Ihre Unbeholfenheit erschien wie zu Beginn
allen Tagwerks

Auf der Messe tagsüber: das schöne Kind
Wäre es meins, so würde ich, sobald es einer abfängt
(zu einem Verkauf)
oder sein Erscheinen lobt
diesem, nahe Palmen am Stamme greifend,
einen Kübel am Rücken seines Hauptes brechen.

Ich sah die Bewegungen orangen Gummis
und einen orangenen Rachen.
In Armen den einen Frühling,
in den Beinen den Dienst in der Bresche.
Und mein Zungenfang fehlt.

Aber eigentlich
sollte man

19.
Jeder denkt, er sei Detektiv

Jetzt verneigen sich auch
     die unerrötbaren Schnäbel
     und schallen nach Justiz
     Chrombrunnen, Schlitzbakterien, Kampfbären
Jetzt die
     unbläubaren Frauen und Herren
     und schallen nach Schiedsspruch
     Meineid, Henker, schnelle Einkäufe
     Kreditkarten, athletisches Vermögen, Satz
Jetzt stehen auch auf
     die unbegrünbaren Rampen
     und schallen nach Schöffen
     Schleim-Einrad, Fahrradkorbwracks, Waifus
     Der Dschungel in einem Diamantenladen
     Tuff, gegen-Wand-Lehnen, geplustertes Bett

Und nachher:
     auch die Betten
     auch die Schöffen
     auch die schnellen Einkäufe

20.
Hände

Das Herz ist eine innere Hand
Der Legat zeigt uns seine Hände,
um ihn zu fassen, knien wir in
nach uns greifenden Wäldern
und die Bäume ballen Fäuste
und Kinderhände fallen aus geöffneter, die groß

Mich berühren Hände, menschenlos
und ich spreche Hände
und du erhörst mich weil du
darin Gesagtes findest
und dir, um Wiederzusingen,
legst auf die Hand

Die Hand atmet durch das Ohr
Die Gehirnwindungen sind solche,
wie sie zusammenkommen, zum Beispiel
durch Einverständnis

Ein Polizist oder Soldat wäre beschädigt ohne
Und es gibt Amelies mit welchen zu tausend
Wenn Hände auf Händen gehen,
einem Nagel entgegen,
einem abhanden gebeteten Daumen,
ein Haustier, dass dir die Hände an der Tür abnimmt

Um die Handfläche der Hotels zu bewohnen

demonstriere ich am Empfang meine Arbeit
immer synonym zur Handarbeit
Du kannst ohne Organe ankommen, doch nie handlos
Es reichen nie fünf Finger oder das Horoskop darin
Und das Leben in einer einzigen Bewegung

21.
Bite

Manchmal fühle ich mich wie Gotencks
Meine Lippen werden weiß und grau
Der Mann streckt seine Hand zu
seinen Kindern nicht aus
Dicht wird der Schnee

Die Straßenbahn befährt das Herz nicht
Leute steigen nicht aus
doch ihre Gesichter werfen sie hinaus
In die 240.000 Zimmer,
einen halben Meter mal einen halben Meter
und einen halben Meter weit

Wenn der Schauer sich zuzieht

22.
Du bist nun mein Freund

Auf der anderen Seite finde ich Spargel,
hoch, und Pfützen, tief, bis dass man sinken kann.
Die Gewitter gehen bei Sonnenschein auf und vorüber
und eine Staubwehe ereignet sich ohne Verdunkelung

Nun können schwermütige Tage sich leichtern,
anders als leichte Tage und Versprechen von Geschlecht
Gut, dass Versprechen immer zu brechen sind,
anders als Unversprochenes oder eine Güte

Ich lebe auf der Seite des möglichen Insektenbefalls,
zwischen Sonnen beschienener Missernte
und unapplaudiertem Kampfe

Wenn du mein Freund, tritt hier auf mein Herz
zwischen vollgeschissenen Brombeerbüschen
und tauenden Weiden

23.
Stammcafé

Nun sitzt ein Ich im Lokal, in dem dies Ich
zuerst saß als es herzog
      als ich Herzog von Mailand war
(und dies ohne Fiktion: es ist Mai nun)

80mal ist das Blut ausgezogen,
diese Fußwege auch mit meinen Häuten befestigt
und 5- bis 6-stellige Steuergelder abgegolten

Sie lebt jetzt unter Ihresgleichen
und immer darunter

Ich habe hier meine Rechnungen verdient,
die Gleichbleibenden unter den Gesichtern am Bahnhof

Dass meine Wünsche für alle (und Verwünsche)
sich unsichtbar und unvernehmbar erfüllen,
meine Verflossenen, die mit meinen Worten, finden
Erfüllung und Liebe, mit meinen Erklärungen von Liebe
Von meinen Verdiensten werden andere ohne Hunger
Meine Besuche nicht gezählt
Meine Anwesenheit bis auf 's Molekül getilgt

Ich ziehe doch nur
Doch „aus der Welt"
ist gelegentlich gleich

24.
Heilige Gesichtsmaske / Endivien

Versteckte Rotoskopien auf der Unterseite einer Brücke
Eine bewucherte Skulptur mit einem Diamanten
im Hintern
Ich such mir die Umgebung zu meiner Seele aus
Ich ziehe mein Reisegesicht an
Helfe ihr in BH und Hose:
          seht ihr die Wolken
          seht ihr die Wohnungsnot
     wenn wir keine Schulmädchen mehr sind
     und unsere Hände wie Mousecursor schweben
     wie Vektoren (mein Ernst)
     oder ein dunkles, langes Hotelzimmer
     in dem mein Stoff-Freund sich
          mit Holzenten anfreundet

Endivien
Fragen: nach roten Endivien
Unausgeglichen
Irdisch schön
Aber ein Jaguarfell in den Händen

Sie liefern die Museen, die unbesuchten
Die besuchten wandern, eigenen Schrittes süchtig

Es gäbe viel zu lernen
und nicht-dienende Ritter
Man kann nicht regieren

indem man irgendjemandes Haare färbt

Deswegen trinkt man lieber tags den Wein
Deswegen hält der Arbeiter auf der Holzleiter ein
Der Mutterboden überholt ihn auf den Sprossen
Und eine oder einer
uns ähnlich,
liegt nachts auf dem Weg
Der Weg zum Bett
Mit Kernen auf dem Bauch
Heimwärts des Seiens bekleidet

25.
Sonnenwand

Interessenlos gegen Weisungen
Der weiße Drachen unter meinem Kinn
Im Schwimmbad: grünes Wasser, das nicht hinabsinkt
Ein Fensterstreifen, die Wolken nochmal zu prüfen:
will ich noch?

Im Bart trage ich Medusen,
der brodelnde Speichel findet ein Auge in seiner Mitte,
das Auge strahlt voller Befugnisse
Der Adler ist eine eindimensionale Schnur

Im Löffelchen liegende Matrushkas
Sieben Raben liegen hintereinander

Ein lebloses Fellknäuel wird zur Sonne langsam,
in 700 Sekunden fadend
Ich schneide meinen Mund an einem Dia
Bist du bei mir?

Sie liegt unter einer Botschaft im Bett
Sie hält sie wie ein ungelegtes Ei ein ungelegtes Ei hält
Die Wand wird durch die Sonne beglüht
Der Sand zieht ein

Aus der Decke führt eine Treppe,
die am Bett
vorbei bis zum Boden führt

26.
Sicherheit

Keine Befürchtungen mehr
In allen Bränden ein Tier
mit treuen Augen sehen
Alle Begehren der Fantasie
in Fantasie schnell durchlebt
Ohne das Auge im Nacken,
das Bereiten der Hände

Keine schwere Ahnung mehr
Alle Körperteile getrennt
dem nassen Wind gewährend
Eine Höflichkeit geäußert
durch drei Ritter Gegenwart
Ohne das Meer in der Brust
das Gefahren bereitet

Holzholen im Sommer:
man sieht auf und entdeckt den ersten Streifen.
Das Etui liegt zwischen uns.
Die blauen Teiche schwemmen auf.
Und ich glaube nicht mehr an doch bin in

Sicherheit

27.
Kurve

Heute Abend werden wir alle rote Kleider tragen
Denn wir haben verloren
Hätten wir auf unsere Klugheit doch nur verzichtet
Wären wir weniger gebildet, weniger Adel

Wären die Ränge leer geblieben
und Wissenschaften Unwissenschaften vor dem Spiel
Die Hand dann doch nicht aufgemacht

Wir könnten nun nochmal
aus den Tribünen und Kabinen treten
Jeder der ist, ob geboren, ob er gehen kann, ob er akut,
kann nun vor die Türen treten oder
seinen Grund, auf dem er vorhin stand, verlassen
aus lauter Protest
Wir haben verloren

Wir haben stark verloren,
so dass der Sport nicht mehr besteht
Noch einmal so auftreten: es wäre barbarisch, unzivil
und nicht so unzivilisiert wie wir
vorhin noch hätten was drehen können
oder hinterlassen: eine gute Figur

Ich bin der Raureif
Ich bin der Raureif
sage ich einem Berg aus Trikots

Wären wir weniger schlau gewesen,
hätten wir auf die Tricks verzichtet
Das unzugängliche Ohr

Unzugänglich der Weg in die Katakomben
Unzugänglich der Weg zur Verwandlung, zum Grund

28.
Natural Being

Ich kenne kein Honigkuchenpferd
Erotisch werde ich nur im Mai
wenn die Fahrräder schwer zu tragen sind
und das Amt der Arbeit
überwuchert von Blumen und
Schnittkraut

Dann ein Flugzeug am Himmel mit Schatten,
ein Sicherheitsgurt auf deinem Brustkorb
Die Kleiderhäufen gehen im ZigZag an uns vorbei
über den Parkplatz,
zum Sekundenwald

Ich begreife den Blick
auf die Hausdächer nicht mehr
Ich begreife
Schweiß oder
nichts

Einmal um die Welt gehen
oder nach Hause
zu Fuß

29.
Effigie

Perückenlos
steht Strom hinter meinen Augen
Schreibe ich auf drei Lagen Holz
Hellgrünes Segel
wird über den Hintern gespannt
Eine Uhr, Armband,
an das 7 Batterien verkauft
Eine Akne einer Meerfrau,
mit Blumen geerntet,
ein Schweine-Orb,
zerstreift

Das Symbol Oxfords
wurde mit 100 Briefen entfernt
Die falben Löwen
ersticken sich mit Ziegen
Persische Frisuren sind verkauft
Sie zwinkert im Schatten
des Zahnarztes.

Aber ich: Rätsel-unwillens
Ich ohne Arkaden
Auf Lagen von Holz geträumt
Schlafreich, wohlmeinend träumend
Trigger an Trigger gebunden
Wut an Wut schlagend
Neben den Windungen im

hellgrünen Segel

-

(Nie werde ich den Mond erreichen
oder eine Erdbeere mit meiner Hand umklammern
und fühlen, dass die Dinge zusammenpassen

Unter den Löwen leben, die mit ersetzten Lungen,
und Ausschau halten vom Penthouse in Berlin;
mir im Penthouse in Wien in die Augen sehen

Auch das ist ausgeschlossen
Und auf einem heißen Ozean die Harpune laden;
ans Ufer eskortiert, fiele sie in den Besitz von Großvater

Oder gegen einen bestimmten, lebendigen Freund
im Park ein Kartenspiel
zu gewinnen oder zu verlieren

Auch das ist ausgeschlossen
Und der Mond ist Tür und Schloss
Und in mir Schlüssel)

-

Und wenn ich an auf Stein
geopferte Eschen denke
Eine Kreuzung:
16 Fahrzeuge fahren
auf die Mitte zu
Gelbe Elefanten lehnen

ihre Rüssel
an eingegrabene Häuser
Und ich sitze hier:
„es heißt tausend, es heißt tausend"

Und es sind Millionen
in den hundert Briefen
Und 7 weniger
hier auf drei Hölzern
Wegen einem falschen Wert
liege ich richtig im dunkelgrünen Segel,
liege ich hier falsch

Menschen-Orb, falsche Sonne
Keine Zeit für die Gerichte
Nur Zeit für Wut,
diese hellgrüne,
kleine,
nackte
Wut

30.
Eines anderen Tages

Die fabelhaften Bekreisungen
Wandernd abermals
Sie stellt Musik ein, fast haarlos
Ein Talk, auf dem Bart errichtet
Und hinter dem Leser stehen zwei Tote
ohne Stelle im Blatt

Die Wunder von zwei fähigen Händen
Termiten zerfressend die Straßen,
die nur Beine fassen
Wie versteht sich jetzt der Mensch?
Kennt die die Gravität nicht?
Und schon wie Bossa Nova
geboren mit pinkem Schleim
Jemand liegt schon mit dem Ohr daran,
im Geborenem

Ein Herz, After Eight
Vor der Tür dauert es länger
Eine Windel als Ball im Herrenklo
Adressen zum Schweigen ausgetauscht

„Ich spreche sie nochmal an"
„Ich muss selbst erstmal ein
Gefühl dazu entwickeln"

Auslöseschein, Geister um 16 Uhr

Stehend abermals in
den Fahrzeugen (doch keine Straßen!)

Einer löst sich vom Tresen
Er wird nicht mehr verwundet
Die gelesenen Bücher liegen am Tresenrand
Entfernen sich durch Schieben des Kühlglases
Der dieselbe Musik hört wie der Vorleser:
Ein Teenager, weiblich, straßenloser Straßenjunge

Kapitel 3

(Unwissen / Jungfernsteig)

31.
Mitternachtsgracht

Er trat vor

„...empfehle, dass wir sterben"

Die Mitternachtsgracht

Ruf ruhig an, ob auch er
dort bei den Wolken ein Pumpen
sucht? oder findet? oder nimmt?

Die Annahme des Glaubens des Fremden
Wie wägen sie ihre Gesetze ab
Wie wägen sie
Lass ein Leben Nacht und Hülle sein

Nichts anderes

Die fermentierten Wiedervereinigungen suchst du,
geweitete Süchte
Die niedernden Angriffe,
eine hautkranke Spur

Die inneren Fluchten wiegen sich in Gärten
kalten Anschauens; aufgedunsene
Zentauren mit blauen Waden und Riemen

Fortan All,

der Hof deiner nachtlangen Mahlzeit

die blonde Fabrik, das tosende Niederlegen
für dich
für dich
werde ich die Horizontstätten ewig ekeln

Du siehst dich vor deinem Geräusch um,
das du machst in Nächten
Entschlüsseln der Verwerfung,
nimm dein Haus, auf Nepotismus beruhend,
auf mir beruhenden Nepotismus,
mit auf den Weg

Habe ich es dir gesagt?

Im Graben das Schweigen verziehen
Vertragen haben wir uns

32.
Liebesschrei

Ihr Liebesschrei
Glimmende Perlen: Rundleuchten
Umeinanderstolpern
In der obersten Kammer liest er Zeitung
Seine Augen stechen durch
und scheinen durch das Papier

Er muss nun in das Dungeon mit den Fröschen
Eine Sonnenkugel schüttelt sich als sie näher kommt
Das Rad aber dreht sich in Denkmalshauses Echo

Eine Hexe vom Mittelaltermarkt schwebt hinein
in ihn und baut eine Wiederholung der Gebäude
Was ist mit Jun?
Der Zeitungsleser fragt; ja, was ist mit *ihm*?
Mit IHM?

Liebesschrei
Das Kurschloss wird mit türloser Wand
abschließend vor den Hauseingang gestellt

33.
Sie, Freundin dünner Wände

Ihre Stimme zu vernehmen, mit breitem Indisch,
heißt, gesagte Krumen zu vermehren
und das was zu speisen, trocken und fett und zuckerig
Gelegentlich
nimmt sie auch einen Fisch hingegen,
von Tier erbeutet als ob für sie

Sie: laut, schüchtern, grün
Ich speise aber wie ein Faden
Aber sehe ich in ganzen Fenstern
einen internationalen, einen sozialen
Trug (sie: Trog)

Und putzte ihr, während sie bei jemanden schläft,
oder bei sich,
den Mund auf einem nie sonnenscheinenden
Spaziergang

34.
Gast, roh

Das Glas Wein zu lernen wie einen jahrelangen Gegner

Ein Kräuterblatt, das Esther-süchtige, anzukriechen

Die Miso, stadtabends, des Anblickens schonend
als sei es der Elefantenfuß Tschernobyls

Ist unsäglich,
tödlich
Denn die Familie hat in den tiefen Gedärmen,
obwohl herzlos, unter der Sonne des Herzens
Zeltstadt errichtet
und sitzt mit mir dort zur Leibspeise

35.
Trashy

Geschnittene Kartoffel-Körper
Kochen unter Chloroform

Odalisken, briefwärts Brände
Einen Überbiss zu verengen

Dem Lachs Wurm geben
Von Muppets flugzeugentführt
001
001

Selbst wenn sie rückwärts zählen
Selbst wenn ins Buch geweint wurde
und die Schriften davon schwämmen

Es wird immer treue Entgiftungen geben
Am Himmel gleitend,
wie Ballons vermögender Kinderschänder

Der einäugige Spitz sitzt dort, Herz erleichternd,
mit einem verbleibendem Zwinkern im Gesicht
Beine spannen
Wir zittern vom Knien

Nein, wäre nicht wegen vergossener Milch
Doch ohne Vergossenes, was bliebe?

36.
Anlagen des Universitätsgeländes

Soll ich dich bewegen?
Wenn ich mich in Sträuchern niederlege
doch zulasse, dass ein Licht von Sonne
oder Gaslaternen oder
verbrennend absinkenden Luftballons
du darin Gereiste nunmehr
mich hindurch fallend berührst
       Dann sehe ich
das Bewegungsgerät ohne sein Frühjahr,
ein Rechnen ohne Flugbahn
auftauchend im Inneren eines Mantelsaums
den Wunsch ein Bild zu nehmen
unerfüllt durch das Nehmen
       eines Bildes
von Geschwistern, unverwandt, in Cafés
doch ohne Stoff hinter dem Glas
ohne Saum der Safaris
durch eine Sommertaiga;
Santa-rote Pipes, undurchgangen
       Augenlos ersucht du
Soll ich dich aufrühren,
oder mit Puppe in meinem Händekorb
mit einem Mulch gehen
und deine Höfe ins Feld kämmen
und deines Leibes Vorderseite rauben
       Soll ich frieren?
       17 Uhr?

37.
Unfähig einen Rapper zu gebären

Ein bisschen esoterisch
Einen Schatten des Fieberns nach sich zu trauen
kaufend, mit türkisen Bockwürsten
Ein Eichelhäher, der auf eine Couch niedersinkt,
die Klauen baumelnd über eine eingefallene
Erinnerung irgendjemandes über den Friedhof
von sehr ferner Osterzeit

Studenten umzingeln einen Automat
Hare Krishnas lernen aus Pepe-Jeans
Ein Lottoschein fällt in einen Eimer voll Eis

Aufzug fallen lassend
Auf dem Banner Haare kürzend
Füße beißend, mit roten Zähnen
Straße nach Helsinki verkaufend,
mit einem Drehen in der Brust, Knoblauch unter 'm Shirt
Unter Hardrock die Kirchen verleihend
Rollstuhlfahrer, die kleinere Rollstühle schieben
und was du grüßt, war Aeronaut

Der Witz zu lang
Drei ausgeleierte Wollende von Riesentitten,
einen Waschbär präsentierend, als sei er wer und Wer
Doch: ein struppiger und nach Farbmarkern riechender
Waschbär
Eine verschimmelte Neuweltkatze

Schließende Bäuche unter angesengten Ponchos
Kriegswägen in einem Abstellraum
von dem der Bogenschütze noch im Begriff ist
zu stürzen

Lang war der Witz ja
Korrekturfahnen an der Diplomarbeit eines
dicht-beinigen Kavaliers
flattern im Wind, der Zichorie und Kunstminzen
mit einer Strenge nacheilend, als ob der Kopf
eines Enterhakens sein Skelett besäße

Alle, als ob sie das Zuschau-Recht besäßen
Als hätten sie nur eins für die Welt getan
als dem kleineren Kind ein Besteck zu reichen
Bis der Häuserblock umkippt und es zu Pulver macht
Ein langer Witz klebt an der Zunge eines Tieres
        mit fehlendem lexikalischen Eintrag

38.
Jungfernstieg

Ich könnte drei, vier Leute fragen
An der U,
an der regenbogenfarbenen Schlafwurst lehnend
In die zweite Dimension sinken, aufgesogen werden
in die tragende Stadt, jener Typus
                                    der
nicht verduftet
                Männer hingen Kalender auf
Bleistiftskizzen   vom Inhalt des Monitors
                        vom Außen des Monitors
                        von Händen, trägerlos

Ich könnte zwei, drei Leute bitten
Vergebt mir, dass ich mich mit Wut erinnere
Mit meiner Mutter tauche ich wie ein Boot
Nennen sie mich Hafenmann
                aus der Hafenstadt
                aus dem Gefängnis des Kinos
                aus dem Zorn des Einfalls

In der S, mit einem Rucksack voller Brombeeren
In Menschen ohne Herz wachsen die Bienen
        Jeder kann im Schlump mit der
        Freiheitsstatue trinken und Erinnerungen haben
                jenes Typus
        beim Einschlafen erworben

Bleifstiftnotizen
    auf Dinge geschrieben, die vorübergehen
    Gefühle, die vorübergehen

39.
Unveröffentlichter Bierdeckel

Im
tiefschwarzen Balkansee, aus meinem
Equilibrium schwemmenden Straropram,
schwemmenden Straropram
liegt ein Name aus botanischen Gärten
nur aus Ruinen altrömischen Militärs wachsend
sich niemals in Bettwäsche ermattend
stets auf dem Handrücken niedergeschriebener
      sich zu merken

Im Abyss sich zu merken
Auf der Mitte zwischen zwei Stufen stehenbleiben
auf himmels-führenden Treffen
              nächtlicher Verwandter
              nächtlicher Verwandte

Im
tiefschwarzen Ballsaal, aus meinem
Equilibium, geschwemmt von Straropram
      ein Ballkleid (oder nur rotstrahlender Tagesrest
      wie Lippenguss)
            sich zu merkende,
            nächtliche Verwandte,
            Schöne

40.
Weiße Gärten oder auch nicht

Oderstunden oder
einen Garten, den ich nicht verstehe

Nikotin wäscht er aus der Unterwäsche
die Personen stolpern eins in eins
nach   vor dem Flussbild
        vor dem Aus und Unter

        vor dem Strahl Oder
        unter Benennungsresilenz

        resilent Nikotin sparend
        mit dem Fluss links
        in den Mund Hajnals
        weißgeputzt

Zigaretten und Schafskörper und Siphone
        ein Ramen-Zusichern mit Oderaugen
                        mit 20 Augen

Unter den Unterhosen und Zwickeln ein Dorf
        unter den Nikotinpalmen
        unter dem noch, noch 20 Augen nach
        unter den Personen
                begraben

        Hajnals Garten

41.
Nympho-Man

Er wurde geboren mit dem Schatten
der Horniness auf seiner Stirn,
gebrandmarkt
darliegend, in einer Fahrradgarage,
ein Stoß verschimmelter Aorta,
nur Wasser trinkend, wenn Organe darin lagen,
neben dem Licht der Schallplatten
      Pupillen treiben die Haine nach Osten...
      die Parkplätze werden wie Ziegen angebunden
      Stadtwache begleitet, mit der Hand ohne Schuh
„Dieser Fischladen funktioniert durch Solarenergie;
diese Wand: man lehnt sich an, dank Geokraftwerk"
Er hält die Hand offen,
doch was man hineinwerfen könnte, bleibt dort liegen.
Was wäre denn
eine Nacht, in der Wimpern auf der Hodenhaut bleiben
oder in der er rückwärts ausspuckt.

42.
Man könnte ja einer Sekte beitreten

Im Magole-Valley wrestlend,
faustlos
Grüntee-Mochis speisend für eine
neue Erektion, ein neues Level

Furchtbar im Dunstkreis zu stecken

Im Holzkopf, in einem darin liegenden Holzhaus
eröffnet die Spendenkasse
Ausgleich bemüht für die Zahl der Gottheiten
weniger als Null
Einsamkeit von 7 Milliarden Kindern,
wer soll sie stopfen

Jane's Ma, wobei niemand Jane kennt,
geht in die ungebaute Baptistenkirche in der Atakama
Goth-Jane verpackt Tauben in Geschenkpapier
auf der kleine, cute Agammenmons abgebildet sind
Die Feuerwehr fährt in den Atlantik
Sie kamen alle vom Fußballspiel

Was soll die Mitra in Form eines Kranichs sagen
Der Papst wartet am Treppenende, nur in Jeans
Furchtbar im Dunstkreise abgefallener Fäuste zu sein

Es ist dunkel, weil Jane's Ma hat die Geige
konfisziert

Die Augen und das Rauchen aufgegeben
Die Zigaretten drücken auf die Lungen
Die Augen auf die, aus dem Zimmer leise verduftenden
Throne

43.
Wie ich am hohen Elbufer im Regen spazierte und wir keine Freunde wurden

Mein Wesen fließt in meinem Zwerchfell
Ich darf nie zuhause sein um es zu fühlen
Sehe ich meine 9 Pflanzen,
verliere ich die Schönheit des Bildes:
ich und meine möglichen 9 Pflanzen

Mit 35 bin ich ein 20jähriger Mann
und eine 15jährige Frau
Meine Art als Mensch zurechtzukommen
habe ich am Todesbett meiner Katze empfangen

In dieser Herbstnacht gehe ich
hell und sehend durch den Park
über die verregneten Granitfugen
mitten durch die rufenden Lichter der Werften

Doch den Ozean merke ich eher auf Brücken,
wie jene über dem Rhein oder Rhône
Was heute zur See fährt,
hat in meinem berühmten Hafen keinen Platz

Also kann auch der weite Ozean
nur träumen in meinem Bett Platz zu finden
Und ab und an sehnt die Welt sich
nach einer bestimmten Stelle
meiner leer gebliebenen Hände

44.
Hypo-Boy

Die Fruchtfliegen verschwinden mit dem Beat,
der in eine leere Kommode geschlürft wird.
Die schnell Alternde sieht in den Korb: die Tings
Rote Haare landen, geschnitten, bläuend auf den Boden,
den hohlen Boden;
nichts verbindet die Sohle mit der Sohle

Urban Tag-Team
Trägst du mich auf dem Rücken
über die Gesichter hinweg?
Sonst muss ich rosa Suppe trinken

Gib mir 70 Euro
dann verbessere ich den Schaden deines Fahrrads

45.
Klarheit / Samstagskauf

An den Straßenecken liegen all die alten Bekannten
In ihren Betten kühlt das Bier, als übersommerte es noch
Die Straßenbahnen starren auf leere Übergänge
und ich stolpere über die ebenen Gehwege

Sie heilen die kastrierten, goldenen Ferkel
Doch die ornamentalen Orangenfrüchte gestohlen

Die Einkaufswege sind als Diamanten angeordnet
In Diamanten, in Juwel: ein schwarzer, leerer Kreis

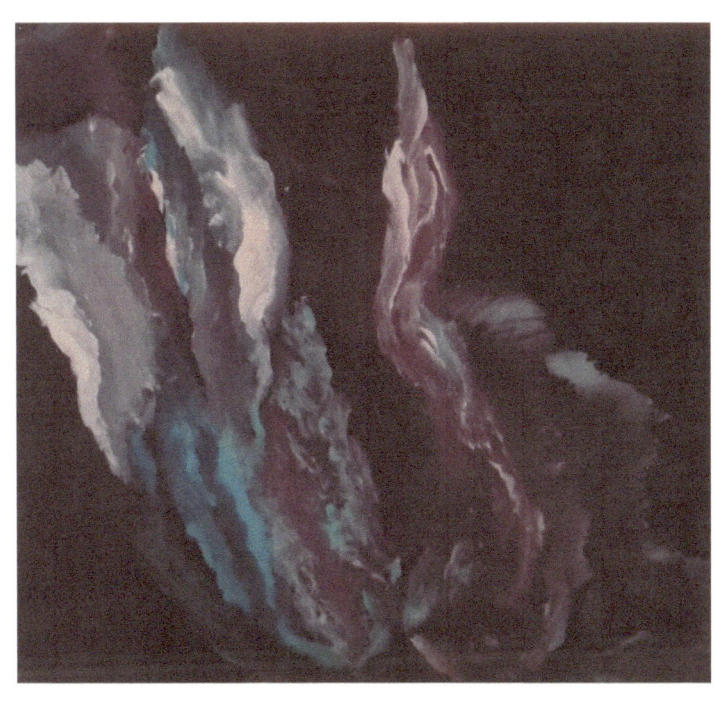

Kapitel 4

(Weiler)

46.
Die Herbstmonde

Ito, der Tempelwächter vollzieht jede Bewegung dreimal
Ein Vogel mit Bart dreht sich auf der Treppe noch
      um nach ihm
Ist dieser Tisch viermal geputzt, gelbe Kamelien,
Großvezir, umgetaufter

Eine Zigarette zum Mondschein,
sie schmeckt nicht einmal gleich
Herbst rot, Herbst blau
Aus der Herzkammer des Anwesens
verhungert sich Licht hin zur Mondschau

47.
Erinnerungen (I)

Prosperität: Marktplatz
schließend retten die Händler
ihre Geschäfte

48.
Erinnerungen (II)

So durchscheinend bin ich:
zitternd diese Äste hier am Ende des Winters
oder dessen Beginn

49.
Erinnerungen (III)

Eingedeckt, die Rufe der Raben
dann verlassen sie mich regungslos doch
Drehen des Kopfes

50.
Erinnerungen (IV)

Das Haus des Opfers
Bei diesem gut, dass es dort kalt ist
Bei diesem gut, dass es dort erwärmt.

51.
Mitteleuropäischer Pharaohentraum

Mich entkleiden die Eignungen,
die zusammengeeigneten Zähne im Bach,
die Vergeudung metaphysischer Raserei

Über die Zaren feuchter Morgen

Tränen,
durch asyllosen, höhenlosen Schnee gefärbt,
in die Tiefungen meines hölzernen Tikis

Über allen aus feuchten Morgen

Auch das Blut von Hunden, Gnomen
und gefährlichen Boxern fließt und
stülpt sich über die Stadt

Fleisch des Fisches in einem blutigen Apfel

Ein Dschinn, ein alternder Mann
bettelt mich an um Vishnu und Muschis,
ich schließe ihn in mein Herz eines Patriziers

Er ist ein blutiger Knochen im fleischroten Himmel

Ich versammele die Zeugnisse,
sie vermöbeln die Jungs sobald sie am Boden sind
Der Schirm bedeckt das Geplänkel mit welkem Blatt

52.
Alles ist nah, alles ist möglich

Sanfter Lykantroph,
die halbe Menschheit verlässt sich
Preklamation, Form entrissen
aber ihren Gesichtern entfroren
Sehen den Mond an als sei er ein dreifaches Nest

Weicher Lykantroph,
die halbe Menschheit sammelt unbeholfen Münzen
Die milchigen Sonnenblumen wie Eiscréme und Tod
Übereinander gescharrt, wir, im Fette wie Sommerwind

Und du sagtest: Dieser kleine Mann tanzt
                            mit den Kadavern, Lady
                            Und es sind Freunde dort
                            in den Feuern, es sind Freunde

Und du sagtest: Der König der der Unterwelt
                            lebt in uns weiter, Boy
                            Hinter den Feuern sind Fremde,
                            es sind Fremde

Sanfter Lykantroph,
Morgen bringt die halbe Menscheit die Mädchen heim
Vaters Gesicht, Augen, Knöchel sehen wie Eier aus

Der König der Unterwelt ist zurückgekehrt
in ein dreifaches Nest

53.
Schwitzer

Entgegen gesetzter Moschus; Inhalt des elften Streits

Chromatische Schildkröten
schleppen Meteoriten meines Daseins
Klüfte, die sich der Ferne des Weisen versprechen

Unsere Geistesblitze sind Kalbsblut;
Kindermörder, gemacht aus Sternen

Eine geschnittene Wurzel aus Glas
und der Irrende eine rote Garbe

Der Hals einer roten Feder
Wenn du mir
die verschmierte Sonne unter die Nase hältst

wirf an;
wirf an!
wirf an....

Die Moschuspilze sind ausgetrunken
Die greisen, hotelgleichen Hallen
Die alten, leeren Kammern sind dein Charakter
Der Wein hat einen zweiten Weg
Das Ungeziefer hat ein zweites Gesicht
Die Feuer des Wohnens haben ein zweites Gesicht
Die aufgeschnittenen Kleider haben einen zweiten Weg

Dass der Hals der roten Feder

wirf an...

wirf an...

Und wenn das Vieh alles erträgt
Die Morgen feucht
Die Ananas voller Blut

Ich werde sie nie vergessen,
die Farben, die Säle, den Rauch

Schmuck und schwere Skelette,
im Hof, im Streit

wirf an
wirf an
wirf an!

Ich schwöre die Wiederkehr
doch werde ich an deinem Namen bleichen -

Zeugnisse ablegen
Die Kasbah – und Bitternis – wagen

54.
Weiler

Weiler
Familienlos: Familienmantel
Übereignen des Blutes
Das Erbe taucht an allen Stellen auf
Deswegen zu Stehen im Schwarz der Kapelle
Großes Atemrohr
Bart beraureift
An der gebärenden Ampel zu schweigen
schlimmer: zu sprechen
mit jemand anderes Stimme
aus jemand anderes Kopf

Doch:
die Hände zu waschen im Weiler
Anderer Kinder lassen in sich gleiten
Wie eine schmunzelnde Kastanie
in einem kostbaren Säckchen, eigen

Das Blut strecke sich aus im Weiler
Nähmen sich die Aale seiner an

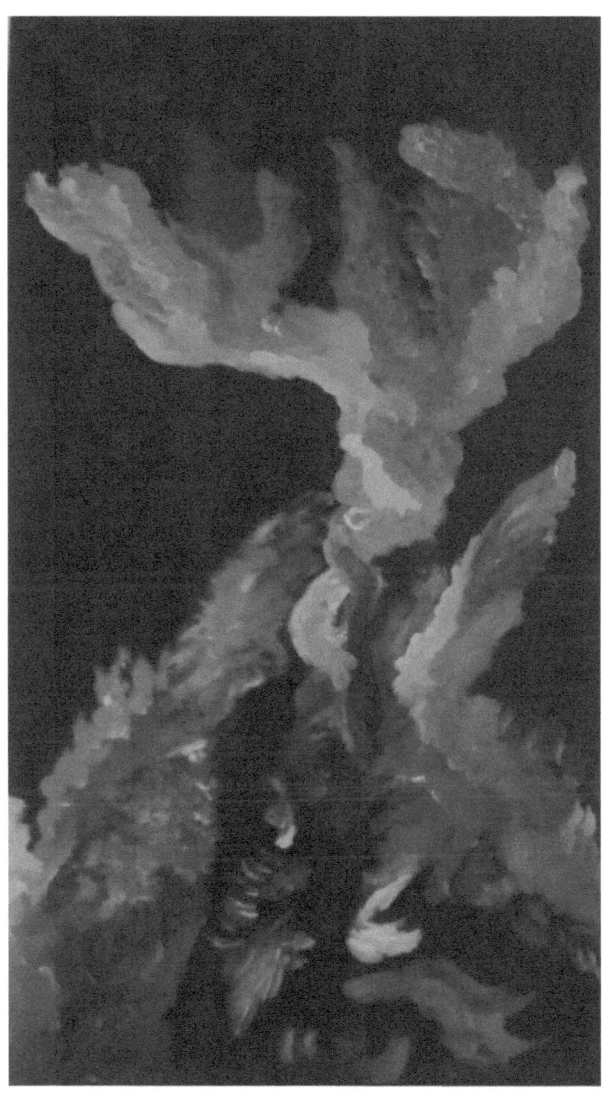

55.
Anrufung

Die Vögel knallen
und meine Augen werden niedergehen

Mein Buddhabild verhaspelt sich
und spricht mich mit falschen Namen an

Und dann welk ich Anfang
und blute aus meiner Unverblümung

Meine Vorhaut verengt sich
und der Abend wird sehr laut und straff

Die Nacht muss fallen
und vom Thron der Nachtigallen mich entkrönen

Lampen-Tin
sagt nie, was der Fahrplan für den Abend ist

er nimmt die Würfel auf
und legt sie mit anderen Augen wieder hin

er nimmt die Karten hoch
aber legt sie nur mit Geschlechtsumwandlungen zurück

Ich weiß, dass ich seine Frau ermorde
Darüber hat ein Bier gesprochen

Lampen-Tin verändert seinen Namen
wenn er die namensgebende Lampe niederlegt.
Dann heißt er noch Lampe

Nun schneide ich aus diesem Licht,
was diesem Licht bekommen muss
und zähle die Menschen

Die Mühlen sind zu einem Kleinwuchs
verdampft; in der Kälte verzweigt sich
das Netz der U-Bahn
zu einer Corona,
seltene Unterwasserbauten

Ich kann dir ein großes Glück geben,
dir aber nur ein kleines versprechen.
Steck dir mich doch ein wenig in deine Tasche.
Im Tempel steht eine Traube lachender Römer
und drei kleine Jadefiguren
klettern hinten auf einen kleinen, schlaffen Nur-Bauch

und ich liege verrotzt im Schlaf, in den Flöhen

Langsam werde ich kalten Lichtern warm
Ich erkalte beim Dart
Da kommen 500 Jahre hinein
Zählen mich
Zählen mich
Anrufung
Anrufung

56.
Passives Relais

Das Herz eines Schlachters
im Uranus-blauen Plastik
Im Regen trinkender Konduktor

Die Hirnhunde filtern in Buick-
versumpften Deltas
nach Würmern

Im Uranus-blauen Aluminium. Ich
lege mich zum Zweifel

Das Schleichen
zinkt den Wall zu Sporn

Die jungen Gruppen alter Damen erhoffen sich alles
Glänzen auf, als sie eintreten ins Château
Ein Gewehr liegt an meinem Gesicht
Jemand müsste dieses Leben führen

Filz rutscht zu jedem Wein
für uns selbst Verführung
Die Sümpfe sind
in erbitterten Höhen

Das heißt dies,   Warum
das heißt dies,   stiehlt man nicht?
das heißt dies.   Es wäre einfach zu tun.

57.
Der Hund mit dem riesigen Arschloch

Derna wirkt mit Seife Beethovens Konzert
Und der Tutor einer nicht funktionierenden Filmkamera
speist sich aus ihrem Schulterblätterrand und
am Rand der Holzterrassen steht ein Weinglas
oder Erdbeersaft wie schlecht gewundert

Die Bösen meiden das Meer
und sie treibt es die Nacht lang um;
am Morgen hat Sie ein Poncho geboren,
das ein Cub umschließt
wie ein Tintenfischei

Man will weit weg,
weiter als es Ort gibt,
weit bis ans Ungesetz eines fremdartigen Gesetzes
Einen Ort, ohne Wikipedia-Eintrag
Und Worte substanzvoll,
so dass es egal wird, wie man klingt

Derna hat jung geübt mit Musik
bei der man sich das Haar kämmt
und die Hände vor sich in der Luft trägt
Vor Zubettgehen sagt sie, man sei 54 Kamele wert
Deutscher Kaffee aus Marocco in Sao Paolo
Eng umarmt, wie ein Dschinn den zweiten Orangenkern

Ein Wagen zerfetzt drei Leuten doch im

Wagen sitzen nur 30 Wellensittiche in Rot
„Ich werde keinen Abschiedsbrief schreiben
Ich ritt heute Morgen aus,
hab einen Hund mit einem riesigen Arschloch gesehen
Was soll ich sagen damit mich niemand versteht
und jeder versteht wohin
ich mitgenommen werden will?

Die erste und letzte Fähre fahren zur gleichen Zeit
Vielleicht liegt jemand in diesen Locken
und vergleicht eine vergossene Cola
mit der Mutter, die ihn gebären wollte

Ich steh am Strand
der abwesenden Leute"
mit den abweisenden Gesichtern

58.
Blimp

Er kam sich gnubbelig vor
Sie lachte warm
Die Pulloverärmel endeten vor dem Gelenk
Gnubbeligkeit
Er war ein Kätzchen aus der Weide
Zwei Socken streng fassend
Ein gnubbeliges Wesen

Er lebte in der Welt kleiner Kanine
Wie ein Gast im Gastgeber lebt
und sein Geschirr sauberer hinterlässt als empfangen
Ein Herkules in der Postzustellung
Ein Auge, das man gerne gegenlesen lässt
und in dem gegengelesen wird

Ein gnubbeliges Wesen
Ein zum Nuscheln geborener Artus
Allein zwischen den Kätzchen der Weide
Gnubbeligkeit
Gekleidet in Fisimatenten
Mit dem Gürtel seines Vaters zur Hose gebracht
Er kam sich gnubbelig vor
Sie lacht warm

59.
Controller

Eine Minute, die auf die falsche Seite fällt
ist auch Einatmen im Moos
Ein Finger im Nacken
Korallen, die Wolken über kurzem Gras

Das kurze Gras wird länger
Motorräder werden hörbarer
Dinge stürzen in die See
mit dem Volumen von Motorrädern

Die Wolken halten sich niedrig, stirnhoch, auf
Die Blumenverkäufer der Kronen
wecken sich, schmutzig
Beschmutzer Unterkörper;
einsam Hand

60.
Naturgeist

Mit einem Mangel aus Lastwagen
von gelbem Hirsch geboren,
männlicher Hirsch, roter Lavendel
      Der Bauch rauscht,
      schmiert ab,
      zerfällt in viereckige Teile

Der Duft gewaschener Hintern
Mit einem Schiff auf dem Medusen schlafen
Goldenes Stirnband über Tunnelmündern

Viereckig ist der Ozean
      Ein blutendes X-Bein
      Schwarzer Magen, bunte Schule

Kapitel 5

(Glory)

61.
Stufen

Einzuschneiden und Umzusetzen
Sei es eine Paprika, die Vita, eine Frage
Der Austritt aus der Natur
Wir sind doch nur von Kerzen umstellt

Unumarmt, abflauend erschrocken
Licht geteilt, auf einen Tischventilator
sind die Fahrzeuge und vergrößerten Kleintiere
abzustellen
Die schöne Flanke ähnelt einem Nashorn
Farbumstellungen
Ein genuscheltes Wort: Verantwortungen
Orte, aus denen Sätze heran rennen

Spar dir dein tiefes Zahnfleisch auf
Gebrauche dieses Fenster als Rock
Der Strauß wurde entfärbt
        aber ist es nicht gut und warm?

Das Abendgeschöpf mit Holzbogenkopf
Die Blumengestecke auf der Morgenparty
Mein Freund, das schwere Kuratell
        Mein Herz ist ein weites Nope

Ich verlasse das Labyrinth durch die Bestattungen;
Apfelessen im freien Fall
        Wie wären wir als Erwachsene? Wunder

62.
Zeitfenster sind die einzige Möglichkeit

Hinter ihr warten die Gespräche
und der Honig mit Verbrennungen
Das Kind darf ein Phone streicheln
Der Rücken drückt sich weinend
durch's Sieb
Gerenderte Zeitungen

      [nun weitergetragen
      [eingelagert in die Hospizen

Novembervogel: Einfalteinsamkeit
Ein gebrochenes Stäbe-Meer
Und jemand hebt in Träumen -
gestern Nacht noch - ab

63.
Altern

SEIT   Robert de Niro in einer riesigen Erdbeere lebt
SEIT   sie die Witwe in den Wagen gebracht haben
SEIT   zwei Passantinnen ihre Brüste streiften
SEIT   der Zug außerirdisch fährt
SEIT   die Reisenden sich in die Gepäckfächer legen
SEIT   man Schreibmaschinen vom Balkon wirft
SEIT   die Kreditkarten alles zur Hälfte bezahlen
SEIT   der Hund die Augen nicht mehr schließt
          Du warst so lange nicht mehr zuhause
          Solange war ich nicht mehr zuhause
          Die müden Leute: lange nicht mehr

SEIT   Hollywood in erbrochenen Bowlen steht
SEIT   der Totenwagen die Krankhausfassaden befährt
SEIT   klebrig, die Vulva der Passantin sich schwärzt
SEIT   das Flugzeug durch die Straßen spaziert
SEIT   Kinder in Frachtwägen zur Schule fahren
SEIT   man Bänker aus den Dächern her lockt
SEIT   es erlaubt ist, das Doppelte zu zahlen
SEIT   Katzen uns in die Augen blicken
          wenn wir nur heimkämen,
          was so selten geschieht

Mutter: „Jedes Geräusch wärt ihr"
Vater: „Ich höre noch das Schlagen der Tür"

64.
Ameisenlöwe

Hier, Ende des Walls,
kann das Geläut der Kirchenglocken nicht sein,
doch ist
ist
als kratze einer an die Tür
eingeschüttet,
Gesicht voller Barthaar, loses

Blumen gibt es,
die unter Tannenblättern wachsen,
und sind keine Tannen,
dies
Herz kann ohne Schlag leben,
mit einem Summen
doch auch ohne Person

65.
Alle sagen „Ich hätte es an deiner Stelle getan"

Der Kubiz-Kauz äugt zur Röhren-Frau
Mehr vom Abend, mehr mitzunehmen   heim
Antwort kommt zu spät
Und ins atlantische Meer   ein

Der Ladenheld hört – fallend - „Biko"
Kaffee grabend zu unter-Loft-badend
Fahrrad tragen – -wert! Nacht umbadet mich

Auf einem Kürbis mit gespaltener Lippe unten
herausgezogen von Koyoten und Camp
Marathonkauf fasst sich an zur Stirn
Ein Zug mit Fundament   heim
Talisman mit Bescheiden   heit

                                        Auszulosen
Für: Meer von Abend
schwer zu Bett
An ein Straßen
kreuzungs
schild
gekreuzigt
Enten-Mann
        was trieb dich nach unten   heim
                                        wärts
                ?

66.
Jungfrauen

Sie kommt zur Verabredung durch einen Mob
Und von der Tankstelle besorgt: ein lächelnder Pappkopf
Vorher Filme gesehen, seit dem Wochenende
und in den Saal Geworfenes: vom Wochenende
An's Ufer gelangt auf dem Kamm des Wochenendes

Die Schrauben liegen in einem Krankenhausbett
und der Wasserhahn läuft und Becken
blockieren den Weg ins Bad
Wer das anzutun hielt angebracht
Kein Ritter für dies Befreien geschlagen,
kein Polizeihund dafür Polizist,
kein Zitruswasser dafür elektrisch

Sie kann keinen Wunsch haben
Auf langsamem Fahrzeuge führe er vorüber
dazu Seminare
dennoch Seminare
auf dem Nachtschrank: Seminar

67.
Pendler

Aus dem Schlund kommen die Fahrräder
Sie schweben unter einer Pelzdame hervor
Der entsunkene Schatten gewebt auf den Lichterkletten
und ich bringe eine Schildkröte mit
in die Kaffeeschnurre

Grünes Licht im Kragen in der Notaufnahme
Alle begrüßen sich mit Saft
Die Kadaverigkeit bleibt

Was ist hier anders als in meiner Stadt?
Ein paar andere Fenster vor den Möbeln
Die Leute finden einander,
        gerade unter vielen

Ich stehe vorm Eiscafé; sie sagt: „es hat ja leider zu",
drinnen macht sichtbar ein Unsichtbarer ein Geschäft
Was sagst du dann? Sie werden reich.
Versetzt werden kann man überall,
andernorts muss es auch keiner wissen

68.
Geschicklos

Warum solltest du plötzlich weinen?
Wir sind im Café, draußen, wieso?
Es gibt doch nicht den Vulkan,
den Träumer einer gelenkten Hand,
abwesend, wie aus einer Weltgeschichte entfernt

Ich lege mir eins der Augen in die Mundhöhle
Ich laufe schnell darunter hindurch
Der Fahrstuhl der Türme hier
hielt doch noch im Archimedes-Grab
Fördermittel, Fahrzeuge, gewichtslos

Was ist das nur für eine Hand an dir
Was besitzt du ein Repertoire an Verletzungssucht
Rudern mit einem jüngeren, adoleszenten Freund
Der Eimer fuhr oft hinaus auf das Wasser
Die Betrunkenen haben sich ins Haar bekommen

Warum bringst du nicht
Warum nicht wie ein Taucher in die Läden
Am anderen Ende der Seerosen Rendez-Vous's
Auf der Heldenstirn hinter der Parkbank
Und unter den sehr beweglichen Tieren

Zu beweinende Amulette
Hühnerknochem von der Mittagswärme
Ein Torso im Cafésessel

69.
Das Gesicht mit der Kollekte

Ich hatte in meiner Hand schwarz-magische Crêpe
Drei Leute sitzen übereinander unten im Regen
Der Wind steigt in den klassizistischen Eimer
bei der Wache und beunruhigt die Papiere

Umständlich verabschieden sich Besitzer aller Selfies
Sie verstauen auf der Außenseite ihrer Jacke Zaire
Und vermummen die Königin wegen Tauben mit Tarp
Die Matrone sieht verächtlich auf den Nudelshop

In den Passagen steuern sie die Luft, den Kakao
und ich geh ein Ohr Campari wegen den Spatzen trinken
Fremdelnd auch in der fremden Stadt:
sie dreht auch in der fremden Stadt das Knie nach außen:

aber so auch mein Aufenthalt:
ausgerechnet

morgen heißt immer: immer woanders morgen

70.
Shuishi

Man liest über die Ermordung durch ein Kabel
„Der perverse Sex kommt und geht, die Tasse bleibt",
steht mit Blut auf den Anorak geschmiert.
Wie es weht: einherzhell!
Der Nugget in der Eisenbahn,
die sich 1620 vergessen hat.

Aber jetzt: das Rätsel müssen wir nicht lösen,
wie so oft: ein anderer tritt hervor
und wir stehen im Sommer zwischen den Schenkeln
zwischen Frauen und Männern
     und Hunden und sogar Vogelklauen dellen sich,
     und durch die Wellen auch die Schuppen der
     Fische

Wie es webt: jetzt begegnest du jemanden
Und ihm sitzen die Dämonen im Nacken
Warst du dort nicht erst vor zehn Minuten?
Möchtest du nicht lieber dich investigativ
mit dem Blut beschmieren, eine Deduktion ersingen,
ein unsichtbares Publikum (als sei es ein Chor
von Engeln) redegewandt überzeugen?

Kapitel 6

(Morning Glory)

71.
**Ihre Expeditionen müssten irgendwann zu uns
führen**

Fast leer. Im Konzertsaal;
der Frontmann ist ein roter Wein.
Die Blätter sind falb.

Wie werden von einem Hai verfolgt.
Die Luft wird von glatten Händen gesaugt.
Draußen Schatten einer undeutlichen blauen Sonne.
Zwei große Würfel liegen dicht aneinander
und dennoch unmöglich beide zu haben.

Da Tambourin ist ein Bündel trockener Chrysanthemen.
Wir lernen noch, wie man sich die Nacht einbildet.
Wir knüpfen einem Mehligen den Hosenstall auf.
Und fahren mit Modellautos auf ihm herum, satt

Die Häuser erhalten goldene Fenster überall.
Selbst wenn sie kein Fenster und kein Gold besitzen.
Ein Publikum bereitet sich vor,
im Halbdunkeln fallen Frauen in oberflächenreiche
und Männer in oberflächenarme Kleidung.

Ist der Sand schwer anzusehen.
Der lange Weg der Augen durch die Straßen.
Sie bereiten sich vor, wir nicht.
Wie liegen beieinander,
wie ein onomatopoetischer Refrain.

72.
Inertia

Wirst du dich entschuldigen weil du meine
Nostalgie gestört hast, rufend aus deiner Stadt?

Auf einmal sind tausend Leute vor mir, mir sehr lieb.
Unter ihnen sind zwei Bäumchen, der Buchsbaum
zertrampelt.
Zwei Zebrastreifen, die sich mit 6° Azimuth
doch kreuzen.

Bären, die Engel beißen
und eine Melidiösität ist um ihre Mäuler
Frische Hochzeitspaare, die vom Standesamt ins Büro
hineingehen

Der Rollstuhlfahrer, der hunderten Leuten den Weg
schneidet
Ein zwei Meter Mann vor einer Allee kleiner
drei-Meter-Laternen
Der Kleinste nimmt einen lächelnd in die Stadt

Und du musst dich entschuldigen, nicht ich mich
Einfach weil du in mehreren Kilometern nachdenkst

Nur über mich

73.
Das Schmerz-Ankh

Den Schnee werde
ich dir nehmen
weg
und deckend
schwarz
hechelnd

Roter Sack mit
rotem Reis
Blauer Kloß im
Mund
vom Halse hoch
vom Hirn hinab
Kopf verbrannt
Dort ist ein Seestern
mit Armen
kilometerweit

Ich klettere aus
dem Nest
Ungebetene Natur
Blumenlose Blüte
Auf dem Merkur
ein Engelsgrab

Ich kotze
Ich scheiße
Ich rauche
Ein Zwergenkönig
in einer unweltlichen Amme
Arme

Die Decke werde ich dir nehmen
weg
und schneiend
schwarz
hechelnd
schlafend

74.
Manganstätte

Und dieses ist endlos -
die ausgewachsenen Felder, drappiert und über Plätzen,
alle Fürstentümer, die wir revidieren wollen,
unsere Bücher, die wir in Vogelkäfige schlossen

Karpfen mit hohen Fächern segeln durch unsere Augen
Die Bunten sterben mit letztem Griff
Wir provozierten Hahnenkämpfe im Schatten der fahren-
den Kirche
Wir belegen und durch das, was wir angefasst

Wir liegen nun in Salzhalmen
Wir ziehen graue Artischocken aus hohen Mangroven
und dies ist endlos -
raffinierte, seidene Laken um eine Fassadenstadt
Wir sinken über den Saum;
Zyklopen legen sich zu uns ins Bett

Mit Salzwasser versteinern wir Widder,
man bedeckt sie mit Lianen und lianenhaften Mänteln
Ich zurre eines Sommer's Haar zurecht,
es hängt grad wie Mannesarme weit

Wir revoltieren und wachsen nur in Schatten auf
Wir einigen in uns einen krummen Hof
und dies ist endlos -
unter Schirmen trocknen die Frösche Sanddrachen

Ein langes weißes Haar verläuft vollständig durch den
Darm hindurch
Ich bin nur ein Sortiment
Die Welt nimmt jeden Zustand hin

75.
Kasa-Obake

Nun sind Wörter
Nun sind rote Wangen
Nur Schirmränder, nur Tischdecken an den Zipfeln
Eine abgerissene Locke
Eine verwundernde Hausabwesenheit
Es kocht auf dem Boden eines winzigen Bechers

Der Aufbau einer schönen Eule
Er befreit sich über meinem Feld
mit den Witwengeranien, die ich
zählen habe
lassen

Der Herzdrücker begegnet mir,
die rote Ameise,
das Feenwesen,
der gestrandete Mystiker,
Boddhisvarta im Schatten eines Skorpions

Die Leser der Magazine
lichten die rote Beete
Der Bau einer schönen Blume
Scygorax sucht die Haihaut

Boddhisvarta im Schatten eines Skorpions

Er befreit sich über meinem Feld
mit den Witwengeranien, die ich
zählen habe lassen

Der Erzzauberer, der Zwergplanet,
der Sonnenmantel, der Neo-Engel,
die melancholischen Symbole

Kasa-Obake in einer sonnigen Nacht

Wir waren reich

76.
Hellichter Tag im Innern

Sieben Leute geben sich als Rasputin aus
Bärte werden geschnitten

Drangsal Waldsee

Gebiete mir Vorsicht, mir Katze
Gebiete mir Nachsicht, mit Gesicht

Ich sehe eine Schere mit anderem Auge
Ich sehe ein Lehnen des Kinnes auf der Hand sehr hell

Sie werfen Patronengurte aus dem Fenster,
die wie eine Gruppe Reisender aussehen

Eine Ebene, wo Männer über eine Schlucht springen
Ein Mann mit einer lila Brust zieht sein Shirt aus

Eine Katze wetzt ihre Krallen an einem Plüschherz
im dunkelsten Wald, im hellsten See

Wenn die Hand nach mir greift spielt sich das
so langsam ab a l s
als dauerte es Jahr z e h n t e

Ich lege mich schla f e n
zwischen meinen F ä u s t e n
meinen Fäusten

77.
Revision einer ehemaligen Hafenstadt

Ein früheres Format
in dem die Leute fehlen
Ein frühes Format
Leute fehlen

Mit Schuhsenkeln ist fest ein Teufel
Mit Telegrafendraht ist fast ein Paladin
      Bischofskrone: kämmen Meer zurück
      Die Haare zurückführen mit Hand
      Rindfleisch, Nudeln, ein Wagen Blume

Zwar nichts darunter, doch unsichtbar
solange der Pyjama von oben darüber fällt
Und hinter den Markisen verbirgt sich
das Brennen der Stadt

78.
Erinnerungsstörer

Steinern ist das Schäumen beim jetzigen Stehen
in einer Schule durchsichtigen Wassers
um das Gelenk

Das Abendbrot wird rausgereicht
Ihr sehe ich nur nach wegen ihrer Sternenhände
Ich begriff die Schäden der Römer
und warum niemand bezahlt wurde

Ihre Sternenhände kreisen um ein Holzkästchen,
das auf ihrem Bauch sitzt
Eine Zigarette stürzt und die Beine
bricht sie sich

Die Tische sind Särge
Die Särge mit zerschnittenen Beinen gefüllt
und halben Rücksäcken

Steinern ist das Stehen im meergeborenen Schaum
in einer Stunde opaquen Wassers
an den Sporen

Silberne Schalen mit Meloneneis
Silberne Schalen mit blauen Fischen
Silberne Schalen mit Sternenhänden
Silberne Hände
Silbernes Wasser

79.
Weihnachtsbesuch

Nicht lang lagen wir in einem wandlosen Viereck
drei Wesen, eine Form, gewickelte Beine.
Schlaf
        an Wasser's Rand

Nun habe ich einen Faden
von meiner Haustür zu deinen wandlosen Hektar
und werde ein Gleicher
        bis zu deiner vermauerten Haustür

80.
Morgen ist auch noch ein Tag

Ein eingerahmtes angewinkeltes Bein
Beine, die sich mehren im Boot
Seerosen fließen in den Teich hinein,
vom Fluss her, mit ihm Frösche und deren
Mondnachtgesänge oder zu Mondtagen singend

In seiner Faust hält er eine falsche Entscheidung,
doch außerhalb ihm bleibt dessen Ergebnis gleich
Wir murren wie Katzen mit einem Streifenmund
oder aufgeblasenen Backen

Sie gibt mir einen gefundenen Kugelschreiber,
er ist zufällig heute so rot wie ihr Lippenstift
Seine Schuhe leuchten abfallgrün

Im Traum zu atmen, ist so wie im Wasser
Eine mittelalte Hand bleibt zurück
Sie liegt auf dem Telefon
wie ein Seestern auf einem Stein

und ich – nein, meine Heimat:

Wenn etwas darüber nachdenke: unerträglich ruhig
Der Wind im weißen, gelben Nichts

80 ist doppelt so viel, wie sie Jahre kennt
80 halbe Jahre wäre lügenlos

Ich öffne die Tür: da liegt sie, lügenleer

Ich will die Gesichter nicht anklagen
Es ist nicht so, dass ein Erfolg bestünde
Aber wenn es ausdrücklich so wäre:
Ich will die Gesichter nicht anklagen
Sie hat ihren Frieden gehabt,
er ist nur lang her,
auf anderen Kommoden steht er noch,
mit 80 Jahreszeiten weniger als ihrem

Aber ich bin nicht sie
Doch sie hier werde ich

Der Wind im weißen, gelben noch-Nichts
Nebst den nächsten, und 80 folgenden Zeiten,
ununterteilt (wenn es mir die Arbeit erlaubt) -

Ich werde den Morgen noch erleben
Und der Morgen ist schön

schön und schamvoll
Mourning Glory
Morning Glory

Im Traum zu atmen, ist so wie im Wasser
Eine mittelalte Hand bleibt zurück
Sie liegt auf dem Telefon
wie ein Seestern auf einem Stein

und ich kann wieder -

Zeig mir deine falsche Entscheidung, Bruder
Ich will hineinfallen,
in deine Handinnenfläche, langer Freund

Auf seinem Fanservice-Gesicht
in einer verrohten Rohbauwelt
wo Sterne nichts ausrichten
wo man eine Geburtsstunde erfinden könnte

Mein Herz ist hier ein Ehrenamt
Ein Küchenhandtuch wird berührt: Glaube
Er drückt die Zigarette in seinem Strohhut aus
dann nimmt er mich bei der Hand

er hat die längsten Finger, die man sich vorstellen kann
sie reichen hin zu den Straßenlaternen abends
sie reichen in die Diele des Hauses
sie reichen in den Türspalt eines Palasts auf dem Saturn
in dem das kleine Zweifeln lebt

Weil sie so lang sind wie man sich vorstellen kann:
mit Blut in der Stirn muss ich es mir
noch
ausdenken

Aber ich bin sie
Und sie dort werde ich nicht mehr, doch sie hier

Ein eingerahmtes angewinkeltes Bein
Beine, die sich mehren im Boot
Seerosen fließen in den Teich hinein
Vom Meer her

Im Traum zu atmen, ist so wie im Wasser
Eine mittelalte Hand bleibt zurück
Sie liegt auf einem Stein

Ich werde den Morgen nicht erleben
den keiner erlebt
Und was ist ein Morgen schon?

Schamlos
Morning Glory
Mourning Glory

Doch dann reiche ich den Morgen heute schon zurück.
An einem Tag nur zu spät, öffne ich die Tür
und sie hat keine Lügen für ihren Bruder mehr
In seiner Faust hält er eine Entscheidung
Wie er die Hand auch dreht,
sie wird nicht richtig werden

Ich hingegen -
ich bin es nicht.
Und ich kann wieder lachen.

Ich muss schamlos bleiben.
Es wird nie mein Unglück.
Meines reicht,
aber nicht Dir.

Dir neun-Leben-lose Katzenliebe.
Morning Glory.
Diesen Namen hattest du, diesen nicht.
Morgen; nach Allem: ahnungslos

Dieses Buch ist gewidmet Frauke.
Von uns gegangen im Oktober 2018.

Es vergeht kein Tag, an dem Du nicht vermisst wirst.

Inhaltsangabe:

Kapitel 1: Lift

01. Loft / Der Turm
02. Abendflöte
03. 100 Kilogramm schwerer Zitronenfalter
04. Keine Musik, ausnahmsweise
05. Igel
06. Irgendein anderes Venedig
07. Blumenhirn
08. Wellenkamm
09. Ich kam aus dem Nebel
10. Litanei der furchtsamen Toten
11. Der Täufer sucht nach einer Zigarette
12. Ins Leben gekommen
13. Die Befeuerungen
14. Eissee
15. Gute Freunde und Affären

Kapitel 2: Hände

16. Schwester
17. Eine Million Schnaken
18. Uneigentlich
19. Jeder denkt, er sei Detektiv
20. Hände
21. Bite
22. Du bist nun mein Freund
23. Stammcafé
24. Heilige Gesichtsmaske / Endivien
25. Sonnenwamd
26. Sicherheit
27. Kurve

28. Natural Being
29. Effigie
30. Eines anderen Tages

Kapitel 3: Unwissen / Jungfernstieg
31. Mitternachtsgracht
32. Liebesschrei
33. Sie, Freundin dünner Wände
34. Gast, roh
35. Trashy
36. Anlagen des Universitätsgeländes
37. Unfähig einen Rapper zu gebären
38. Jungfernstieg
39. Unveröffentlichter Bierdeckel
40. Weiße Gärten oder auch nicht
41. Nympho-Man
42. Man könnte ja einer Sekte beitreten
43. Wie ich am hohen Elbufer im Regen spazierte...
44. Hypo-Boy
45. Klarheit / Samstagskauf

Kapitel 4: Weiler

46. Die Herbstmonde
47. Erinnerungen (1)
48. Erinnerungen (2)
49. Erinnerungen (3)
50. Erinnerungen (4)
51. Mitteleuropäischer Pharaohentraum
52. Alles ist nah, alles ist möglich
53. Schwitzer
54. Weiler

55. Anrufung
56. Passives Relais
57. Der Hund mit dem riesigen Arsch
58. Blimp
59. Controller
60. Naturgeist

Kapitel 5: Glory
61. Stufen
62. Zeitfenster sind die einzige Möglichkeit
63. Altern
64. Ameisenlöwe
65. Alle sagen „Ich hätte es an deiner Stelle getan"
66. Jungfrauen
67. Pendler
68. Geschicklos
69. Das Gesicht mit der Kollekte
70. Shuishi

Kapitel 6: Morning Glory
71. Ihre Expeditionen müssten irgendwann zu uns führen
72. Inertia
73. Das Schmerz-Ankh
74. Manganstätte
75. Kasa-Obake
76. Hellichter Tag im Innern
77. Revision einer ehemaligen Hafenstadt
78. Erinnerungsstörer
79. Weihnachtsbesuch
80. Morgen ist auch noch ein Tag

Ebenfalls bei *tredition* erschienen:

Niemals die Stadt (Anthologie)
Erzählungen und Gedichte aus den Jahren 2005-2017
Sammlung der markantesten Texte aus den ersten vier
Büchern („Catoblepas", „Glaspalast",
„Armenbegräbnis", „Die Hülle des Diebes")

Erschienen und verfügbar seit 2018 bei *tredition,* 12,99 €
ISBN 978-3-7469-2848-7

Zeitfracht Medien GmbH
Ferdinand-Jühlke-Straße 7
99095 Erfurt, Deutschland
produktsicherheit@kolibri360.de